JEAN-BAPTISTE,

OPÉRA-COMIQUE,

EN PROSE ET EN UN ACTE.

Représenté pour les premières fois, à Paris, sur le Théâtre Feydeau, les 13, 15, 17, 19, 21 et 25 Prairial de l'an VI.

PAROLES ET MUSIQUE

DU COUSIN-JACQUES.

» Eh bien ? eh bien ? qu'avez-vous donc ? pourquoi ces transports ? qu'y a-t-il donc de si surprenant à ce que j'ai fait ? --- *Jean-Baptiste*, *Scène* XVII. *page* 45.

PRIX, 24 sols.

A PARIS,

Chez MOUTARDIER, Imprimeur-Libraire, Quai des Augustins, au coin de la rue Gît-le-Cœur, N°. 28.

an 6e 1798.

PERSONNAGES.

JEAN-BAPTISTE, vêtu comme ces marchands forains, qui vont de ville en ville avec leur cariole; il a une ceinture de couleur à triple tour, des guêtres, une espèce de sarreau bleu pardessus son habit, *Le C. Juliet.*

MAGDELON, fille de *Jean-Baptiste*, voyageant avec lui, mise fort simplement, *La Cne. Camille.*

MARCELLIN, ancien Négociant de Paris, retiré à la Campagne, jouissant d'une modique aisance, âgé d'environ 50 ans, veuf depuis peu, père d'une nombreuse famille, *Le C. Primo.*

MINETTE, âgée de 14 ans, fille aînée de *Marcellin*, *La Cne. Rosette Gavaudan.*

FANFAN, âgé d'environ 13 ans, fils aîné de *Marcellin*, *La Cne. Aglaë Gavaudan.*

CHOUCHOU, âgé de 11 à 12 ans, second fils de *Marcellin*, *Le C. Planterre, fils.*

Quatre autres Fils de *Marcellin*, moins âgés par gradation jusqu'au dernier; mais comme ces enfans ne disent que quelques mots par-ci par-là, et qu'ils parlent toujours ensemble, on peut les faire représenter par des enfans pris hors du théâtre, ou par de jeunes filles des chœurs, travesties en garçons, seulement pour faire nombre.

COLAS, âgé d'environ 30 ans, élevé par *Marcellin*, dont il est le seul Domestique et l'Homme de Confiance, *Le C. Le Sage.*

Quelques Villageois du Canton, armés de fourches de bâtons, etc.

La Scène se passe dans une Campagne située aux environs de Paris, chez un Particulier isolé, à l'entrée d'un bois, à cent pas du Village.

PETIT MÉMOIRE

A CONSULTER,

COMME QUI DIRAIT *PRÉFACE*.

EH bien! *me revoilà!* c'est encore moi; et dussent vos oreilles sévères, mes chers lecteurs, être étrangement scandalisées de cette expression toute neuve : *me revoilà*, je la répéterai d'autant plus hardiment, que, dans un tems où le néologisme fait chaque jour de nouveaux progrès, il serait vraiment honteux pour la langue française, que *le Cousin Jacques* qui tient sa place tout comme un autre parmi les trois cents cinquante-six mille auteurs que la liberté de la presse a fait éclorre, n'eût pas le privilége d'enrichir notre nouveau dictionnaire, d'un trois cent cinquante-six millième pour sa part.

Avant la révolution, j'avais déja publié une quarantaine de mes petits volumes, tant lunatiques que planétaires; les journaux du tems avaient eu cent fois l'audace d'en faire l'éloge; les étrangers, celle de les traduire en leur langue; les libellistes, celle de dénigrer et l'ouvrage et l'auteur avec l'acharnement le mieux conditionné.

Donc je n'étais pas tout-à-fait un *intrus* dans la république des lettres, quand il s'en est tant présenté dans la république politique.

Depuis que tout le monde s'en mêle; depuis que les productions de tout le monde sont devenues la tapisserie ordinaire des rues et des carrefours de Paris, au point que telle maison qu'on disait auparavant être bâtie en plâtre ou en pierre de taille, semble décidément n'être bâtie qu'en papier; depuis que le savetier mon voisin, jaloux sans doute de mes ci-devant succès, quoique je ne le sois nullement de sa manique, s'excuse auprès de moi du retard qu'il apporte au raccommodage de mes souliers, parce que, dit-il, tout son tems a été consacré à *corriger ses épreuves;* depuis que mon porteur d'eau me laisse boire du vin pur, malgré l'ordonnance du médecin, parce que *les répétitions de sa nouvelle pièce* l'ont appelé à tel théâtre, sans lui laisser le tems de m'apporter ma voie d'eau..., il est bien certain, bien démontré que le génie de la littérature n'est plus circonscrit, comme autrefois, dans un petit nombre de têtes privilégiées: donc j'ai le droit d'être auteur tout comme un autre; c'est-là précisément où je voulais en venir.

Si j'ai le droit d'être auteur; si ce droit ne saurait m'être contesté, par quelle étrange fatalité n'ai-je éprouvé et n'éprouvé-je encore depuis plusieurs années, que des disgraces et des persécutions dans une carrière où le premier venu marche impunément d'un pas rapide et gigantesque? Pourquoi donc ne rencontrè-je jamais que des obstacles sur une route qui s'applanit et se dégage pour tant d'autres?

Quelle existence, grand Dieu! que celle que j'ai traînée pendant plusieurs mois, à différentes époques! Mais laissons-là ces souvenirs pénibles; ce n'est ici ni le lieu, ni le tems de les rappeler au lecteur : à des époques plus paisibles, quand l'esprit de parti pourra se taire un moment pour laisser parler le bon sens et la justice, il sera tems alors de prouver à la France entière que la première, la principale, et peut-être l'unique cause de tous ses malheurs, en dernière analyse, a été la PRÉVENTION.

La PRÉVENTION! monstre épouvantable, qui se tient sans cesse à la porte des hommes en place, pour ne laisser d'issue qu'à leurs plus cruels ennemis, et pour interdire tout accès à quiconque ne respire et ne veut que le bonheur des gouvernés et le salut des gouvernans! vérité terrible, que l'imposteur le plus déhonté oserait à peine me contester! Chaque époque, chaque jour, chaque heure, chaque minute des annales de la Révolution Française m'en a fourni de nouvelles preuves.

Oh! quel service important et signalé je rendrais à ma patrie, si les Magistrats suprêmes de la République pouvaient se résoudre à m'accorder une heure d'audience particulière; si je pouvais écarter de leur personne, pour quelques instans seulement, les flatteurs qui les trompent, et les courtisans qui les perdent! s'il m'était possible de les approcher sans autres témoins que ma raison et la leur, que leur conscience et la mienne; et de leur faire goûter ce langage si simple et si vrai :

« Oui, citoyens Législateurs, Directeurs et
» Ministres, leur dirais-je avec ma franchise
» accoutumée ; on vous a dit tout ce qui n'est
» pas, et l'on ne vous a rien dit de ce qui est.
» Vous voulez le règne des lois, le bonheur
» du peuple et l'affermissement du régime répu-
» blicain ; vous les voulez certainement ; je puis
» et je dois le croire ; toutes vos proclamations
» l'attestent ; toutes vos paroles le prouvent : le
» peu d'hommes francs et désintéressés qui vous
» cultivent, s'en apperçoivent aisément. Eh !
» c'est pour cela précisément, que vos ennemis
» qui s'en apperçoivent aussi, redoubleront d'ef-
» forts pour contrarier vos vues, et pour faire
» avorter vos généreux projets.

» Les moyens qu'ils emploient sont bien sim-
» ples ; ce sont les mêmes qu'ils ont employés
» de tout tems : assaillir l'homme en place ; lui
» fasciner les yeux par les brillans dehors d'un
» patriotisme éclatant ; allarmer son courage par
» des dangers imaginaires ; intéresser son cœur
» par des tableaux touchans ; surprendre sa
» religion par des rapports mensongers ; lui
» peindre (et voilà ce qui perd tout), lui peindre
» sans cesse l'homme probe sous les traits d'un
» fripon ; le citoyen paisible, sous ceux d'un
» conspirateur ; l'écrivain impartial, sous ceux
» d'un homme de faction ; l'être moral et sensible,
» tout-à-fait étranger aux affaires publiques,
» sous les couleurs d'un libertin, d'un débau-
» ché, d'un intrigant, qui cabale, qui corrompt
» l'opinion etc. ; transformer les idées les plus
» naturelles, les actions les plus ordinaires en
» graves complots, en intentions perfides.... voilà

» leur tactique ordinaire, celle qu'ils n'ont jamais » abandonnée un seul instant, celle qu'ils ont » suivie avec tant de constance et d'adresse, » qu'il est extrêmement difficile au Magistrat » de n'en être pas dupe; et une fatale expérience » a démontré qu'on n'est guère dupe en pareille » circonstance, sans finir par être victime!

» Il importe extrêmement, citoyens, à la tran» quillité publique et à la vôtre, d'éviter à l'a» venir les réactions et les secousses politiques. » Nous en avons assez : les dix-neuf vingtièmes » des Français ne demandent que le repos, ne » soupirent qu'après le repos, n'existent que pour » le repos. Il n'appartient qu'à vous de le leur » procurer; laissez-là l'examen des opinions : eh! » qu'importe ce qu'on a pensé, ce qu'on a dit » autrefois? Il n'est pas un individu raison» nable qui ne sente qu'il faut absolument cé» der, quand les circonstances commandent. » Mais, si le citoyen probe et vertueux, qui n'a » contre lui qu'une façon de penser qu'il n'a pas » pu maîtriser tout d'un coup, se voit encore » tourmenté, calomnié et vexé, tout en se sou» mettant à vos lois, sous le ridicule et vain » prétexte d'une ancienne liaison, d'un propos » vague et mal interprété, etc.; alors le tour» billon révolutionnaire reprend toute sa force, » et il n'est personne parmi vous, comme parmi » nous, qui ne sache, qu'aveugle dans ses mou» vemens impétueux, il entraîne également à leur » perte et ceux qui l'ont excité, et ceux contre » qui on l'excite.

» Le moyen le plus sûr d'empêcher à l'ave» nir toute espèce de désordre contraire à la sta-

» bilité du Gouvernement, c'est d'être juste, » quand on gouverne; c'est d'inspirer à l'hon- » nête homme cette confiance et cette sécurité » qui donne à la vertu le courage de s'exercer » en public. Malheur au pays où il faudrait se » cacher pour faire le bien, où l'oppresseur » marcherait impunément tête levée, où les Ma- » gistrats, quelque bien intentionnés qu'ils fussent, » n'auraient pour les seconder que des agens per- » fides, intéressés à les tromper, où l'on ne » pourrait qu'en tremblant proférer une parole » innocente, et sur-tout, où il serait impossible » au citoyen mal jugé de faire parvenir sa juste » réclamation à l'oreille des hommes qui tien- » nent entre leurs mains sa bonne ou mauvaise » destinée!

» Citoyens! l'homme même, dont on me re- » proche avec tant d'aigreur et de haine, d'a- » voir été l'ami, étoit comme vous sujet à la » prévention, parce que tous les hommes y sont » sujets; parce que, dans les tems orageux, la » défiance est malheureusement le caractère do- » minant et presque nécessaire des hommes en » place : je lui ai prédit son sort; s'il était là, » il vous forcerait de m'estimer, parce que ma » conduite avec lui fut toujours pure et désin- » téressée.

» Si j'étais initié dans les secrets de la poli- » tique; si j'avais occupé depuis la révolution » queque poste marquant, il serait concevable » que, malgré la conduite la plus irréprochable, » je fusse exposé aux attaques de l'envie, ou » que, dans un moment de réaction, je fusse » naturellement enveloppé dans des mesures ri- » goureuses,

» goureuses, mais générales et sans doute jugées
» nécessaires.... Mais qu'un faible individu qui
» n'a rien, qui n'est rien, qui ne veut rien, voie
» toujours la prévention, la haine, l'envie, la
» calomnie, les soupçons, les vexations à sa
» poursuite; qu'un misérable auteur qui s'occupe
» à griffonner par-ci par-là des scènes de co-
» médie et des notes de musique *vaille que vaille*,
» soit recherché, tourmenté, jusques au fond
» de la retraite obscure qu'il s'est choisie préci-
» sément pour éviter l'éclat qu'il redoute.., c'est
» ce qui ne se conçoit pas. N'est-ce pas là,
» citoyens, lui donner beaucoup plus d'impor-
» tance qu'il n'en a, qu'il n'en veut avoir et
» qu'il n'en mérite? N'est-ce pas là mettre un
» prix infini à des talens quelconques, qui n'ont
» réellement qu'un prix ordinaire? N'est-ce pas
» là forcer le public d'y prendre un intérêt
» d'autant plus vif, que la masse des hommes
» a une tendance naturelle à protéger celui qu'elle
« voit opprimer injustement?

» Eh! à qui fera-t-on croire que mes pièces
» de théâtre soient capables d'exciter du trou-
» ble, quand de l'aveu même de mes ennemis,
» elles ne prêchent que la paix et la concorde?
» A qui fera-t-on croire que *Nicodême dans la*
» *Lune*, tel qu'on le rejouait à la *Cité*, soit une
» pièce dangereuse, lorsqu'il ne contient abso-
» lument rien, qui ne soit tout-à-fait dans le sens
» des proclamations du Directoire? A qui per-
» suadera-t-on que le *Club des bonnes Gens*, la
» pièce la plus douce et la mieux intentionnée,
» puisse occasionner aujourd'hui le moindre dé-
» sordre? Je soumets au jugement froid et sé-

» vère de mes plus cruels antagonistes, cet ou» vrage qu'on m'a reproché comme un crime, » que des jacobins furieux ont eux-mêmes ap» prouvé en le revoyant de sang-froid, et dont » je m'honorerai toute ma vie?

» Comment concevra-t-on que la *Petite Nan*» *nette* soit une pièce proscrite, lorsqu'elle ne » peint que des traits de bienfaisance et de ver» tu; lorsqu'elle ne tonne absolument que contre » le brigandage et le vice, et toujours en géné» ral, sans aucune espèce de désignation directe » ou indirecte?

» Et cependant, tous ces ouvrages sont arrê» tés, ou du moins supendus! c'est-à-dire, que » tous mes moyens d'existence sont anéantis! » Que ferai-je donc pour soutenir ma famille, » s'il est décidé que je ne puis faire un pas, dire » un mot, exhaler un soupir, qu'on n'interprète » en mauvaise part!

» Et ce pauvre *Jean-Baptiste*, que voici! ce » *Jean-Baptiste* fait il y a deux ans, lu et reçu » au *Théâtre Feydeau*, sept mois avant l'époque » du 18 fructidor, n'a-t-on pas prétendu qu'il » était dirigé contre le régime établi depuis le » 18 fructidor? Absurdité révoltante, qui m'é» tonnerait encore, si quelque chose pouvait » aujourd'hui m'étonner!

» Les acteurs savent avec quelle scrupuleuse » attention nous avons lu et relu la pièce, au » moment de la répéter; à chaque mot, on » s'arrêtait; on pesait pour ainsi dire chaque » syllabe, dans la crainte qu'on n'y trouvât quel» qu'application. Nous la réduisîmes d'abord en » un acte, lorsqu'elle était en deux; nous en

» supprimâmes ensuite un sixième ; et de ce
» qui restait, nous avons retranché un tiers
» avant la seconde représentation.... Certes, on
» ne peut prouver plus d'envie de se conformer
» aux lois et d'éviter toute espèce de désordre.

» Mais (1) la personne chargée à la police
» de censurer cette pièce, me marque dans ses
» notes la partialité la plus révoltante ; elle joint
» les réflexions insultantes à ses suppressions :
» comme s'il entrait dans vos vues, Citoyens,
» d'injurier les gens de lettres, au lieu de se
» borner à les censurer. Elle prend le plaisant
» pour le ridicule, la niaiserie pour la bêtise,
» le comique pour le grotesque, l'original pour
» le bisarre, renverse toutes les convenances
» théâtrales, et se plaint encore de ce qu'à l'oc-
» casion *des sabres* dont parle Marcellin, *Colas*
» dise naïvement *qu'il n'est pas un sabreur*. Si
» le citoyen ne veut pas qu'on parle de *sabreurs*,
» que le Directoire n'aime pas plus que nous

(1) Ce même Citoyen est pourtant très-honnête ; je lui ai adressé mes plaintes ; il a reçu très-poliment la personne qui les lui a portées..... Mais il ne me connaît pas ; il a cru de moi ce que bien d'autres en ont cru ; et voilà encore la prévention ! Désormais je lirai moi-même, s'il est possible, toutes mes pièces au Censeur et aux Magistrats, avant même de les présenter à ma direction ; et je suis sûr qu'en se rapprochant, on s'entendra, on s'estimera, on s'encouragera ; et les arts y gagneront.

» ne les aimons tous, pourquoi donc *sabre*-t-il » impitoyablement tout ce qu'il y a de saillant » dans mes ouvrages ? Nous autres Français, » nous n'aimons que les bons *sabreurs*, qui ne » *sabrent que l'ennemi* sur le champ de bataille, » et non pas ceux qui voulaient *sabrer* leurs » concitoyens, et que le gouvernement a su » comprimer. A plus forte raison ne veut-il pas » les souffrir dans le sanctuaire des Muses.

» Croira-t-on qu'après avoir approuvé les » Couplets *du Représentant*, on les ait défendus » à la seconde représentation ? et pourtant, un » Député disait l'autre jour à mon frère : *J'en* » *voulais depuis long-tems au Cousin-Jacques ;* » *mais son Jean-Baptiste, et sur-tout ses Cou-* » *plets du représentant m'ont réconcilié avec lui.....* » Mais lorsqu'il a su que de pareils Couplets » étaient proscrits, il n'a pu revenir de sa » surprise.

» Croira-t-on qu'on m'ait effacé à la police, » le conte que *Colas* (qui est un *niais sensible*, » et non pas un *sot ridicule*, ne l'oublions pas) » fait aux enfans *sur les dévaliseux d'maisons*, » *qui s'en vont comme ça l'soir dans les campa-* » *gnes pour tuer les p'tits enfans, etc.* M'effacer » cette phrase si simple, n'est-ce pas afficher la » prétention d'anéantir mes succès, en dépouil- » lant ma pièce de tout ce qu'elle a de comi- » que et de naturel ? Ne semble-t-il pas que » le *Directoire* ait le projet *d'envoyer les dévali-* » *seux d'maisons pour tuer les p'tits enfans dans* » *les campagnes ?* Peut-on imaginer rien de plus » absurde ? N'est-ce pas chercher à jeter du ri-

» dicule et de l'odieux sur les autorités supé-
» rieures, que d'effacer d'une pièce tout ce qui a
» trait aux voleurs, tout ce qui a trait aux hon-
» nêtes gens? Si tout prête aux allusions, il
» faudra donc ne plus faire d'ouvrages! si l'on
» ne peut plus parler ni de vertu, ni de vice,
» ni de probité, ni de brigandage, que restera-
» t-il à dire? Mais si les subordonnés se per-
» mettent de gouverner arbitrairement le talent
» et le génie; s'ils prêtent aux Magistrats su-
» prêmes des alarmes, des soupçons dont ils
» sont incapables, des ridicules dignes d'affaiblir
» le respect qu'on leur doit, un caractère om-
» brageux qu'ils n'ont pas, où en sommes-nous?
» qu'allons-nous faire?... Faudra-t-il que mes
» idées, mon cœur, ma verve, mon imagina-
» tion soient tout-à-fait esclaves des bisareries
» d'un homme qui peut fort bien être un ex-
» cellent citoyen, un fort galant homme, mais
» aussi ne pas connaître assez la scène pour sen-
» tir ce qui convient ou ne convient pas? Et
» puis, chacun ne voit-il pas les choses à sa ma-
» nière? Une tête organisée de telle ou telle
» façon, ne peut-elle pas voir de la malignité
» là, où personne n'en verra?

» Quoi? si je dis *bonjour*, on prétendra que
» j'ai voulu dire *bonsoir*? Je ne pourrai proférer
» une syllabe, qu'on n'y trouve un sens caché,
» auquel je n'ai jamais songé? Et chaque jour
» je vois jouer par-tout des pièces qui four-
» millent d'allusions, et qu'on laisse passer; et
» moi, quand on ouvre toutes les bouches, je
» serai forcé de clore la mienne!

» Non, Citoyens Directeurs; vous ne le voulez pas; votre caractère connu, et celui du » Ministre que vous venez de préposer à la police » de la République, m'est un sûr garant que « jamais vous ne souffrirez sciemment de pareilles préventions. Car, si nos Gouvernans » manquaient des ressources de l'esprit et du jugement, je sens que je n'aurais plus qu'à gémir et me taire. Aussi vous adressé-je avec » confiance les réclamations d'un père de famille » cruellement ulceré, qui aimerait mieux avoir » dans les places supérieures des gens d'esprit » pour ennemis, que d'y avoir un sot pour ami.

» *Jean-Baptiste*, en attendant mieux, est l'unique ressource qui puisse alimenter ma famille; car je n'ai gagné que de l'ingratitude » à obliger tout l'univers; et, si maintenant que » je borne mon existence entière aux travaux » littéraires et dramatiques, on veut encore » m'arracher le morceau de pain, trempé de » mes sueurs et souvent de mes larmes, que je » dispute à l'adversité, prononcez vous-mêmes, » Citoyens, sur mon sort!

Voilà ce que je dirais aux Magistrats suprêmes de la République, s'il m'était facile de les approcher; ne le pouvant pas, il est trop juste et trop naturel que je leur adresse mes reflexions, bien certain qu'ils en sentiront la justesse, et que leur cœur se mettra pour un moment à la place du mien.

Je ne finirai point ce *petit plaidoyer*, sans payer un tribut de reconnaissance à toutes les personnes qui m'ont prouvé du zèle dans ces nouvelles circonstances, où, une sorte d'anathême pesant encore sur ma tête, il a fallu du courage pour me témoigner quelqu'intérêt.

Je parlerai de ce *Juliet*, qui, autant par amitié pour moi que par amour pour son état, fait si bien valoir un rôle qui véritablement n'est rien par lui-même; il est impossible de donner plus d'esprit, de rondeur, de grace et de naturel à un personnage ordinaire, qui devient précieux entre les mains d'un artiste si gai, si original et si vrai.

Et ce bon ami LE SAGE!... à ce nom-là, je me souviens de tous mes malheurs, de la part qu'on y a prise; et le papier se couvre de mes larmes!....

Graces aux acteurs qui m'ont si bien servi, mon joli-petit opuscule va très-bien; et j'y gagne doublement; car c'est un gain pour moi que toutes les occasions de prouver que je ne suis pas un ingrat!

LEBRUN, acteur et compositeur, si justement estimé, a eu la bonté d'immoler son tems et ses idées à la correction de mes accompagnemens; mon ouverture lui fait bien plus d'honneur qu'à moi-même; en un mot, c'est un fort aimable magicien; car je lui avais donné un hibou, il en a fait un rossignol.

Mais ce qui m'a bien plus étonné, c'est le compte que presque tous les journalistes ont rendu de *Jean-Baptiste*. Pour se figurer l'impression qu'a fait sur moi le témoignage d'estime qu'ils ont donné non-seulement à mes faibles talens, mais même à ma personne, il faudrait qu'ils se figurassent un malheureux, languissant au fond d'un cachot, qui apperçoit pour la première fois depuis bien long-tems un rayon de lumière, lorsqu'il se croyait condamné à une éternelle obscurité.

BEFFROY-REIGNY.

* N. B. Les Airs détachés de *Jean-Baptiste* et d'*Un Rien*, se trouveront chez *Frère*, Passage du Saumon.

JEAN-BAPTISTE,

OPÉRA-COMIQUE,

EN PROSE ET EN UN ACTE.

Le Théâtre représente l'intérieur de la maison de Marcellin, *qui n'est autre chose qu'un sallon fort simple, tel qu'on en voit chez les anciens fermiers aisés; mais ce sallon doit avoir, à droite et à gauche de la porte du fond, une grande fenêtre, dont l'une doit être ouverte (celle qui est à la droite du spectateur), et l'on doit voir la forêt, très-épaisse, contiguë à la maison. L'autre fenêtre, quoique fermée, doit laisser voir le soleil couchant, dorant la cime des arbres dans le lointain, et les maisons du village, dont le faîte surmonte, dans la perspective, les arbres de la forêt, au-delà de laquelle est censé être le village. Outre la porte du fond, il y en a une à la coulisse de droite, qui donne dans le jardin, et une autre à la coulisse de gauche, qui donne dans les autres pièces de la maison. A côté de celle-ci, est un secrétaire, qui doit rester ouvert pendant toute la pièce. A un clou est attaché un des vieux chapeaux de Marcellin. Auprès du secrétaire, il y a un grand fauteuil à bras. De l'autre côté, vis-à-vis, on voit une table noire à écrire, assez propre, où il y a un tiroir, qui s'ouvre et se ferme sans clef. Sur cette table, il y a des papiers de musique et des livres. Dans le sallon, sont deux ou trois fauteuils et plusieurs chaises.*

SCÈNE PREMIÈRE.

MARCELLIN, *seul, assis auprès du secrétaire, et revisant des papiers.*

Il est déja tard; la nuit me surprendrait, si je différais trop à me mettre en route. (*Il porte la main sur son cœur*). J'ai le cœur serré comme si j'allais faire un long voyage!..... Ah! depuis l'instant cruel, où une mort prématurée m'enleva l'épouse la plus vertueuse et la plus tendre, je n'ai jamais pu me séparer un demi-jour de mes enfans. Relégués dans cette campagne, sans autre ressource que mes soins et ma tendresse, ils n'ont plus que moi pour soutien. C'est la première fois que je les quitte; mais il le faut: leur intérêt l'exige. Père et tuteur à-la-fois, je dois veiller à l'amélioration de leur petit bien-être. Ces créances, il faut en tirer parti; ces titres, il faut les mettre en ordre! (*Il se lève et se promène, en formant une liasse de papiers, qu'il arrange par numéros*). Quoiqu'on n'aime pas ces sortes d'affaires, l'honnête homme s'y livre avec zèle, quand il travaille pour ses enfans; désintéressé pour lui-même, il ne saurait l'être pour ses petites créatures innocentes, qui réclament son appui.... Eh! qui vengera l'opprimé, si ce n'est un père!..... A propos, n'oublions pas ma fidèle compagnie! (*Il prend dans un des tiroirs du secrétaire le portrait en miniature de son épouse*)... Comme il est ressemblant!

ROMANCE, No. 1.

O toi! qui fis tout mon bonheur,
Par tes vertus et par tes charmes!
Objet toujours cher à mon cœur!
Pour qui je verse encor des larmes!
La mort n'a pas rompu les nœuds,
Dont nos chers enfans sont le gage;
Tout mon plaisir, dans chacun d'eux, (*bis*).
Est de caresser ton image! (*bis*).

Si quelque bien peut adoucir,
Loin de toi, ma peine cruelle,
C'est seulement de réussir
A les former sur ton modèle!
Que de ta perte, avec le tems,
Leur sagesse me dédommage!
Heureux, si, par mes sentimens, (*bis*).
Je leur retrace ton image! (*bis*).

(*Au public*).

Vous! que la nature et l'amour
Décorent du beau nom de père,

A ceux qui vous doivent le jour,
Donnez un exemple sévère;
Observez avec vos enfans
Le respect qu'on doit au jeune âge;
Et sachez, vertueux parens, *(bis)*.
Vous honorer de votre image! *(bis)*.

(En achevant ce monologue, il met le portrait dans son porte-feuille). Allons; ne perdons pas de tems.... Je parie que mon nigaud de domestique n'a pas encore préparé ce qu'il faut pour mon départ.... Je le lui ai pourtant bien recommandé toute la journée; mais, au lieu de s'occuper utilement, il joue avec mes enfans. *(On entend rire et parler confusément dans la coulisse)*. N'ai-je pas deviné juste? Je les entends d'ici!... Colas! Colas!... *(Le bruit continue : il appèle encore plus fort)*. Colas! *(Il sonne de toutes ses forces... Le bruit cesse)*....

SCÈNE II.

MARCELLIN, COLAS.

COLAS, *sortant de la porte de gauche, avec sa cravatte tirée jusqu'à la ceinture, sa veste déboutonnée, un de ses bas roulé sur ses talons, un pan d'habit tout déchiré, ses cheveux houspillés d'un côté, et de la poudre sur la moitié du visage)*.

Eh ben! eh ben! eh ben! me v'là, me v'là... Vous sonnez comme un ci-devant clocher; et si, je n'pouvons pas v'nir pus vîte. Vos enfans fesont un vacarme épouvantable; c'est une famille d'p'tits démons!... T'nez! voyez comme i' v'nont encore d'm'arranger!

MARCELLIN, *le contrefaisant.*

« Comme i' v'nont encore d'm'arranger »! Le nigaud! eh! pourquoi le souffres-tu? Si tu leur montrais un peu de fermeté, au lieu de te mépriser, ils s'accoutumeraient bientôt à te respecter.

COLAS.

I' n'me méprisont pas, not' maître! i' m' faisont tant seul'ment enrager du matin au soir; c'est ben assez.... mais, excepté ça, j' sommes content d'eux au possible : car i' m'aimont ben ; et moi, j'les aimons ben itoût ; car i' sont gentils, oui dà!

MARCELLIN.

Ils m'aiment aussi, moi; et d'un seul regard, je sais les ramener à l'ordre.

COLAS.

Oh! mais, vous! ça fait z-une aut' différence: vous êtes l'papa véritabe!... au lieur que moi, je n' s'rai jamais que l'papa pour rire.

MARCELLIN.

Oui ? Il faut pourtant qu'aujourd'hui tu remplisses la tâche du papa véritable.

COLAS, *avec embarras.*

Morgué! je l'sais ben : c'est c'qui m'chiffonne!... car ça s'ra un enfer dans la maison... Si tout du moins vous aviez eu soin d'vous procurer des p'tites filles, à la place de six p'tits garçons! Oh! pour un père d'esprit comme vous êtes, vous avez ben mal arrangé ça, toujours!.... (*Au public*). Ah, ben! on dit com' ça qu'i' gnia pas d'silence là, où c' qu'i' gnia du sesque.... et moi, j'dis que l'proverbe en a menti; car la p'tite fille, al' vous est toujours sage et rangée, comme eune image; et tous vos garnemens d'garçons, c'est un charivari d'langues, qu'on n's'entend pas! non mais j'dis; si vous saviez toutes leux expiégleries!

Ariette N°. 2.

(*Très-vif et très-marqué*).

Ah ! queu' sabbat ! queu' vacarme et queu' tapage !
Queu' bruit ! queu' train q' font ces vilains enfans-là !
J'vous l'dis pour tout d'bon : j'finirai par perdre courage,
Pour peu q'ça dure encor' (3 *fois*) long-tems toujours com'ça.
J' leux dis : » monsieu' ! vous m'étourdissez !
« Laissez-moi donc ! mais finissez !
» Fi ! q' c'est vilain ! Prends garde à toi !
» Tu vas t'avoir à faire à moi ;
» P'tit polisson ! tu me l' pairas !...
» J' vas l'aller dire à vot' papa...
» Monsieu' ! voulez-vous ben vous taire ?
« Gar ! gar ! gar ! gar ! gar ! l'humeur me prend : v'là que je
« m' met' en colère ! . . .
Ça n' leu' fait rien !
I' vont toujours leu' train.
Ah ! les polissons ! (*bis*).
Ah ! les polissons ! les polissons ! les polissons !
J'aimons mieux les filles, (*bis*).
Sur-tout quand elles sont gentilles :
J'aimons mieux les filles, (*bis*).
Que les garçons. . . (3 *fois*).
Celui-ci s'met à califourchon sur mon épaule ;
C'ti-là par derrier' vient tout douc'ment m' tirer ma queu' !
Ah ! mon dieu ! mon dieu ! mon dieu ! mon dieu ! mon
dieu ! mon dieu !
Ah ! par la corbleu !
Que j'dis com' ça, si j'prends eun' gaule !
Tu verras, p'tit drôle !
Gar ! gar ! gar ! gar ! gar ! c'est fait d'vous tous, si j'vous attrape !
Si j'vous donne eun' tape ! . . .

(*Il parle*).

Et ben sarrée, encore ! Brrrr ! ça les fait rire, tout ça ! et pis, v'là qu'i' r'commençont l'jeu, d' pus pire en pus pire !

Ah ! les polissons ! (*bis*).
Ah ! les polissons ! les polissons ! les polissons !
J'aimons mieux les filles, (*bis*).
Sur-tout quand elles sont gentilles ; (*bis*).
J'aimons mieux les filles, (3 *fois*)
Que les garçons. (5 *fois*).

MARCELLIN.

Allons, allons; c'est bon; tu conteras tes doléances plus tard. Tout est-il prêt pour mon départ? Le cheval est-il sellé, bridé?

COLAS.

Oui seur'ment, not' bourgeois; qui s'entend, j' l'i' ons dit de s'préparer. Gnia pus qu'à li mett' la selle et la bride; ah! mon dieu! oui... j' m'en y vas.

MARCELLIN, *tirant sa montre et la lui faisant voir.*

Ne t'avais-je pas expressément recommandé que tout fût prêt pour quatre heures? Regarde; il en est bientôt cinq!

COLAS, *s'en allant et revenant d'un air inquiet.*

Ah! ça; écoutez donc, nôt' maître: est-ce que vous coucherez dehors?

MARCELLIN.

Si mes affaires ne se terminent pas chez le notaire du Canton, il faudra bien que j'aille à la ville; mais, demain matin, sur les neuf heures au plus tard, je serai de retour.

COLAS.

Et faudra donc que j'veille moi tout seul dans c'te maison? Ah! mon dieu! mon dieu!

MARCELLIN,

Te voilà bien à plaindre! avec de bons fusils....

COLAS, *brusquement.*

Oui! où c'qu'i' gnia pas d'chien.

MARCELLIN.

D'excellents sabres...

COLAS.

Oh! je n'joue pas t'avec ça; c'est trop lourd.

MARCELLIN.

Le poltron! Tu ne saurais faire coucher les enfans de bonne heure, et bien fermer les portes

COLAS.

Je n'dis pas non; mais c'te maison est solitaire comme un hermite....

MARCELLIN.

On en est plus tranquille.

COLAS.

A l'entrée du bois...

MARCELLIN.

Oui: à cent pas du village; comme tu es brave!

COLAS.

Tout comme un autre; mais, dame! on ne parle que d'voleurs; on n'voit que d'ça dans les gazettes...

MARCELLIN.

Va, va, les voleurs ne sont pas tous dans les bois. A-t-on jamais ouï parler d'aucun accident par-ici?

COLAS.

Ah çà, écoutez donc, not' bourgeois; parlez ben ferme à toute la p'tite famille, avant d'vous en aller; sans quoi, je n'pourrons jamais en venir à bout; dites leu' q'c'est moi qu'est l'papa.

MARCELLIN.

Sois tranquille ; je vais leur faire la leçon.... Mais vas-t-en donc, mon ami ; je t'en prie !

COLAS, *au lieu de sortir vîte, fait lentement le tour du théâtre, d'un air réfléchi, en tournant niaisement ses deux pouces autour l'un de l'autre.*

Ça s'rait pourtant ben genti', d'êt' un maître d'maison ; ça m'rendrait tout fier, si c' n'était des grands voleurs et des assassineurs.... Mais les grands voleurs et les assassineurs, c'est ça que j'crains. (*En sortant*) J'n'aime pas ces gens-là. (*Il sort par la porte du fond*).

SCÈNE III.

MARCELLIN, *seul.*

Allons, voyons bien vîte, s'il ne me manque aucun des papiers nécessaires.... (*Il cherche sur le secrétaire, et tombe sur une feuille volante, timbrée et contrôlée*). Oh ! pour celui-ci, c'est tout au plus un simple souvenir ; j'ignore pourquoi ma femme s'est avisée de le faire timbrer et contrôler ; voyons un peu, que je le relise : c'est l'écriture de ma belle-mère.

(*Il lit haut et rapidement ; mais avec l'expression de la sensibilité*).

« En 1776, le 25 décembre au soir, jour de Noël, » il passa dans ce canton un petit Porte-Balle, nommé *Jean-Baptiste*, âgé d'environ 16 à 17 ans, se » disant natif de la basse Normandie, et dépouillé » par des voleurs, la nuit précédente, de la valise » que son père lui avait confiée pour commencer un » petit commerce. Il était presque nud, transi de froid, » mourant de faim, et son visage baigné de larmes... » Son plus grand chagrin, disait-il, était de retourner » chez son père, après avoir tout perdu. Ma fille aînée,

(*à part*).

» (*à part*. Elle était si confiante et si bonne, ma res-
» pectable épouse) ! lui demanda combien il lui fal-
» lait pour réparer son malheur... Il désirait quinze ou
» vingt louis.... Nous lui en donnâmes trente ; nous
» le pouvions alors. Comblé de joie, il nous promit
» de nous les rendre, dès que sa situation le lui per-
» mettrait. Nous lui dîmes, en riant, qu'il s'acquitte-
» rait avec nous, quand il aurait fait fortune. Il par-
» tit en nous comblant de bénédictions ; mais nous
» ne l'avons pas revu depuis ».

(*Il remet le papier négligemment sur le secrétaire*).

Je le crois bien... De deux choses l'une : ou le pauvre diable aura été volé une seconde fois, ou l'hypocrite en aura imposé ; car on n'entendit pas plus alors parler de vols dans ce canton, qu'il n'en a été question jusqu'ici. Peut-être est-il mort depuis bien des années. Dans tous les cas, ne valait-il pas mieux obliger un imposteur, que de s'exposer à refuser un malheureux ? Ma femme avait raison de dire, en parlant de cette aventure : *mon ami, faire du bien, secourir les autres, cela n'appauvrit jamais*... Laissons-là ce papier, seulement comme un titre qui rappèle à mes enfans des vertus de famille... Il faut pourtant que je les appèle ; commençons par la sœur, c'est l'aînée de tous ; elle est aussi douce, que ses frères sont turbulens ; elle pourra leur servir d'exemple et leur faire part de mes intentions. (*A la porte de gauche*). Minette ! Minette !

SCÈNE IV.

MARCELLIN, MINETTE.

MINETTE, *d'un air posé.*

Ne m'appelais-tu pas ? Excuse ; nous faisions tant de bruit dans la chambre du fond, que j'aurais fort bien pu ne pas t'entendre.

MARCELLIN.

Nous faisions tant de bruit! Tu te mets toujours modestement de la partie; et je gage que tu ne soufflais pas le mot!

MINETTE.

Oh! tu te trompes! mes frères sont si gais; j'aime à les voir rire... je ris avec eux...

MARCELLIN.

Ils sont bien espiègles!

MINETTE.

Ne l'étais-tu pas, toi, étant petit garçon?

MARCELLIN, *l'embrassant.*

Fort bien! tu les excuses toujours. (*à part*). Elle a le cœur de sa mère! (*haut*). Ah! çà, écoute; quoique *Colas* ait la haute-main ici en mon absence, tu n'en restes pas moins la Dame du logis... Je te charge de me rendre un compte exact de tout ce qui s'y sera passé...

MINETTE, *tristement.*

La Dame du logis! le bel honneur, quand tu n'y es pas!... C'est donc sérieusement que tu veux partir?

MARCELLIN.

Il le faut; c'est un voyage de douze ou quinze heures au plus....

MINETTE, *avec tendresse et simplicité.*

ROMANCE, N°. 3.

Eh quoi! mon père, tu t'en vas!
Tu quittes l'asyle paisible,
Où d'une famille sensible
L'heureux aspect fixait tes pas!

Mais c'est en vain qu'à ton ménage
Tu crois te soustraire un moment ;
Sous l'escorte du sentiment, (*bis*).
Tous nos cœurs (*bis*) seront du voyage. (*bis*).

Ainsi le ramier malheureux,
Quand il a perdu sa compagne,
Voulant parcourir la campagne,
A ses petits fait ses adieux !
Pour lui, les tourtereaux fidèles,
Expriment en vain leur regret...
Hélas ! chacun d'eux le suivrait, (*bis*).
S'il pouvait (*bis*) voler de ses ailes. (*bis*).

SCÈNE V.

MARCELLIN, MINETTE, COLAS.

COLAS, *remettant son bas, et un peu refait de sa première toilette.*

Je m'sis rarrangé; car je m'sis vu dans l'abreuvoir, où c'que j'ons eu peur d'mon ombre, tant alle m'a paru ridicule.

MARCELLIN.

Eh bien, enfin! le cheval?

COLAS.

Eh ben, l'cheval! il est à sa place, là où c'qu'il attend son cavalier. (*Montrant Minette à Marcellin*). Vous voyez ben c'te p'tite D'moiselle! c'est l'plus meyeur sujet d'toute la famille; ça vous est sage comme un p'tit saint; ça n'bouge pas non pus qu'eune statue; ça n'parle non pus qu'une poupée..... enfin, j'vous dis, moi, qu'c'est un moule d'bon exemple.

MARCELLIN.

Aussi lui ai-je délégué mon autorité, après toi, s'entend; car tu n'as pas oublié que je te cède mes droits, jusqu'à mon retour.

COLAS.

C'est entendu... C'est-à-dire, ti pas vrai? que vous êtes moi? et moi, que j'sis vous?

MINETTE.

Eh! non; c'est-à-dire que mon père te charge de le représenter (1): voilà le mot. (*A Marcellin qu'elle entraîne du côté de l'appartement à gauche*). Viens donc, avant de t'en aller, recommander toi-même à mes frères d'être bien sages. (*Marcellin et Minette s'en vont par la porte de la gauche du spectateur.*

---

(1) Ces couplets avaient été refaits par moi, au milieu et sur la demande des acteurs les plus patriotes de la rue Feydeau. Nous avions voulu éviter toute espèce d'application maligne; *Le Sage* les chantant avec l'expression de la plus profonde sensibilité, comme il l'a fait à la première représentation, ils devaient plaire à tous *les* partis. Mais ils ont été demandés *bis*, et ont excité beaucoup d'enthousiasme; et l'on croirait assez volontiers, que des ennemis secrets, intéressés sans doute à ce que je ne réussisse en rien, ont surpris la religion du Ministre, qui certainement a bien autre chose à penser, que d'aller s'occuper d'une chanson, et qu'ils lui ont rendu les choses en sens inverse de l'effet que mes couplets avaient produit. Ce qu'il y a de certain, c'est qu'à la simple inspection de ces couplets, on ne peut supposer, à l'auteur et à l'acteur, que les intentions les plus pures: tout Paris les a sentis de même; et, à moins d'avoir perdu le sens, il était impossible de s'en formaliser. C'est précisément parce que les Magistrats suprêmes ont été induits en erreur, que je restitue ici à la scène, une des choses les plus saillantes de ce petit ouvrage. Voici toujours; en attendant qu'on veuille bien me rendre justice, et me voir enfin tel que je suis, les deux couplets que j'ai été obligé de substituer à la hâte aux deux autres, trois heures avant la deuxième représentation, lors de l'arrivée du nouvel ordre de la Police; car l'acteur n'ayant que ces deux couplets à chanter, et se trouvant seul en scène, exprès pour les chanter, il fallait bien qu'il dît quelque chose.

SCÈNE VI.

COLAS, *seul.*

Représenter! c'est-là le mot!... Ah! diantre!

SCÈNE V.

MINETTE.

Eh! non; c'est-à-dire, que mon père te charge de faire ici le petit papa: voilà le mot. Viens donc, avant de t'en aller, recommander toi-même à mes frères d'être bien sages.

SCÈNE VI.

COLAS, *seul.*

Faire le p'tit papa! c'est-là l'mot!.. Ah! diantre!

COUPLETS, No. 4.

Me v'là queuq'z'un d'important!
C'qu'est eun' chos' ben drôle!
Faut que j'm'apprête pourtant
A ben jouer mon rôle.
Pour m'acquiter de c't' emploi,
J' n'ons pas trop bonn' grace....
Mais....
Si l'esprit n'dépend pas d'moi,
L'amitié l'remplace. (*bis*).

C't honnête homme a pris soin d'moi,
Drès ma tendre enfance;
Je n's'uivrons pas d'autre loi
Qu'ma reconnaissance.
J' n'ons pas besoin d'précepteur;
Le bon mait' que j'aime,
Trouv'ra toujours dans mon cœur
Un autre lui-même. (*bis*).

COUPLETS, N°. 4

(*Avec l'expression de la plus profonde sensibilité*).

Me v'là donc le R'présentant
D'un excellent père !
Faut conv'nir que c'est pourtant
Un bieau caractère !
L'honnête homme entend son cœur
Dir' d'eun' voix touchante,
Q' faut tout fair' pour le bonheur
D'ceux qu'on représente. (*bis*).

Au seul mot de R'présentant,
L' bon sens qui m'inspire,
M'dit q' c'est queut' chose d'important,
Plus qu'on n'pourrait l'dire ;
Je m' sens tout d'suite animer
D'humeur bienfaisante.
Plus q'soi - même i' faut aimer
Ceux qu'on représente ! (*bis*).

SCÈNE VII.

COLAS, MARCELLIN, FANFAN, MINETTE, CHOUCHOU ET LES QUATRE AUTRES PETITS, *s'accrochant aux habits de leur papa.*

MARCELLIN, *affectueusement.*

Oui, mes chers petits amis, je vous le promets; si je suis forcé de passer outre, une fois que je serai au village, demain matin vous me reverrez sans faute...

FANFAN.

Ménage - toi bien ! ne te fatigue pas !

CHOUCHOU.

Ne marche pas le soir, après le soleil couché !

LES QUATRE AUTRES.

Pense à nous !...

MARCELLIN.

Oui, j'y penserai sans cesse.

MINETTE.

Assieds-toi donc pour une minute seulement; que nous t'embrassions tous, pour la dernière fois! (*Tous les enfans le font tomber dans son fauteuil, l'entourent et l'accablent de caresses*).

TOUS ENSEMBLE.

Oh! oui; assieds-toi.

MARCELLIN.

Quelles délices! où trouverait-on ailleurs tant de fidèles amis?

AIR, N°. 5.

C'est charmant, quand une famille
Vous caresse par sentiment!
Tour-à-tour quand garçon et fille
Vous sourit, c'est encor charmant!

(*Il s'arrête ici, pour embrasser avec transport les deux ou trois plus petits*).

C'est charmant, quand on peut se faire
Un bon ami dans chaque enfant!
De mes soins voilà le salaire!
Et mon sort est toujours charmant! (*bis*).

FANFAN et MINETTE.

(*Sur le même air*).

C'est charmant, lorsque sœur et frère
Sont unis par le sentiment!
Quand le ciel, par la main d'un père,
Les bénit, c'est encor charmant!

(*Ils apperçoivent Marcellin qui laisse échapper quelques larmes, et ils le montrent à leurs frères*).

De plaisir il verse des larmes!
Ah! chérissons-le tendrement!
Que ses jours coulent sans alarmes!
Et notre sort sera charmant!

MARCELLIN et COLAS.	TOUS LES ENFANS.
Le plaisir fait couler mes / ses larmes!	De plaisir il verse des larmes!
Eh! comme ils m'aiment / l'aiment tendrement!	Ah! chérissons-le tendrement!
Mes / Ses jours couleront sans alarmes!	Que ses jours coulent sans alarmes!
Et mon / son destin sera charmant!	Et notre sort sera charmant!
Oui, c'est charmant! (3 *fois*).	Oui, c'est charmant! (3 *fois*).

MARCELLIN, *se levant.*

Allons, il faut nous séparer...

COLAS, *à part.*

I' n'me f'ront pas toutes ces caresses-là, à moi; gnia pas d'risque!

MARCELLIN, *décrochant son chapeau et son fouet.*

Souvenez-vous bien de ce que vous m'avez promis; J'espère que Colas n'aura point à se plaindre de vous.

TOUS LES ENFANS, *sortant avec lui,*

CHOEUR, N.° 6.

Nous jurons tous ensemble
De le respecter comme toi.
Parmi nous chacun tremble
De désobéir à ta loi.
Nous ne t'affligerons jamais;
Tu peux partir en paix!

L'orchestre rejoue l'air, pour imiter le lointain, et finit pianissimo, *tandis qu'on les voit encore embrasser leur père, derrière le théâtre, à travers la fenêtre ouverte.*

SCÈNE VIII.

SCÈNE VIII.

COLAS, *seul.*

I' n'a pas besoin d'moi pour partir... Mais, tandis qu'i' sont tretous autour de li, ni pus ni moins q'des p'tits poulets autour d'leu' maman, faut que j'm'avise ben vite pour me faire respecter en son absence. Ah! ah! v'là z'un des chapieaux d'not' Bourgeois... (*il met le vieux chapeau de Marcellin*). Faut que j'm'en affuble; c'est toujours ça pour avoir un p'tit air du maître d'la maison (*il rit*). Ah! ah! ah! Quand on songe qu'avec des p'tits brinborions d'pus ou d'moins..... enfin, suffit... (*Sans sortir de la scène, il ouvre la porte à gauche, et décroche une robe de chambre de vieux damas à grand ramage, et la passe par-dessus son habit*). Eh! morgué! c'est ça même: ce p'tit pet-en-l'air, q'son bisaïeul li a baillé d' père en fils, ça m' donnera ben pus de r'semblance avec li..... Là, v'là costeumé pour le coup!... (*Il les voit revenir de loin*). V'là la p'tite famille qui r'vient... Allons, faut d'la gravité..... Ah! v'là que j'les vois r'venir..... Bon! i's ont perdu leu' gaîté, à c'te heure! Ah! dam, j'dis, on voit ben que c'n'est pas pour peu qu'i's aimont leu' papa. Si c'était moi, au lieu d'li, qu'aille en campagne, i' n's'affligeriont pas tant!

(*Il chante les couplets suivans à demi-voix*).

COUPLETS. N°. 7.

Morguè! ça m'donne envi' d'êt' père,
Pour être aimé si tendrement!
On s'ennui' d'êt' célibataire,
Quand on a besoin d'attach'ment. (*bis.*)
En j'tant les yeux su' ces p'tits enfans-là,
Mon cœur me dit q'j'ai beau faire l'papa...

C'est bieau ça d'en jouer l'rôle, t'i' pas vrai? Mais c'n'est qu'un plaisir en peinture, ça : l'cœur est toujours là, qui jase et qui vous crie tout bas : mon p'tit ami!

(*avec sensibilité.*)

C'n'est pas tout de l'paraître,
Faut encor l'être! (*bis.*)

Mais c'est peu d'chos' que l'mariage,
Drès qu'i' guia point d'fidélité;
Si j'ons eun' femm' qui n'est pas sage,
Grand merci d'la paternité! (*bis*).
Malheureus'ment p'têt' un jour on dira :
« A qui sont donc ces jolis enfans là »?

— C'est à moi, Monsieu', que j'dirai.... — A vous, Monsieu' Colas? qu'on dira : vous êtes donc leu' père? — Pardin'! la belle question! — Monsieu, Monsieu'!

C'n'est pas tout de l'paraître,
Faut encor l'être. (*bis*).

SCÈNE IX.

COLAS, MINETTE, FANFAN, CHOUCHOU *et les autres.*

(*Ils rentrent à pas lents, les yeux en terre et l'air triste*).

COLAS, *à part.*

I' n'm'appercevont pas, tant seul'ment, tant l'chagrin les ahurit!... (*aux enfans*). Eh ben, mes p'tits amis, quoi c'qui vous rend si tristes? Vot' papa r'viendra d'main matin tout au pus tard. Quoiqu'i' m'ait confié son autorité, j'n'en abuserons pas pour vous chagriner. Oh! je n'sommes pas t'un despotisme....

MINETTE, *frappée de son nouveau costume.*

Oui, va; malgré ton déguisement, tu n'en es pas moins Colas.

COLAS.

Sur'ment que j'sis Colas; j'm'en vante encore! Est-qui' gnia du mal d'êt' Colas?

TOUS LES ENFANS, *montrant Colas au doigt.*

Ha, ha, ha, ha, ha;....

COLAS, *se fâchant.*

Ha, ha, ha!.... Les v'là qui riont, à présent! tout à l'heure, i' pleurenichiont! C'est ben poli, n'est-ce pas, de s'moquer d'un précepteux?

FANFAN.

Oui, d'un précepteur qui ne sait pas lire!

COLAS.

Eh! queuqu'ça fait, ça, qu'on j' sache lire, ou non?

TOUS LES ENFANS.

Ha, ha, ha, ha....

COLAS, *pleurant avec beaucoup de colère.*

Eh, ben! n'vont i' pas s'gausser d'moi jusqu'à d'main? N'l'avais-je ti pas ben dit, q'ça s'rait ici un sabat d'possédé?..... Mais laissez faire, allez! Monsieur Marcellin saura tout, oui, il saura tout, et je n'li mâcherai pas, dà.... Fi, qu'c'est vilain! Moi qui les ai élevés tretous! moi qui les ai appris à marcher!.... V'là la r'connaissance!....

MINETTE, *à ses frères, frappant dans sa main.*

Paix! paix, mes amis; c'est assez plaisanter, puisqu'il prend la chose au sérieux.

FANFAN, *d'un ton et d'un air très-affectés.*

Quoi! tu t'affliges pour un badinage? Un grand garçon comme toi!

CHOUCHOU.

Ne fais donc pas l'enfant : si je pleurais pour de pareilles misères, tu te moquerais de moi.

MINETTE.

Allons, console-toi. Nous sommes tous bien fâchés de t'avoir fait de la peine!

TOUS LES ENFANS, *le caressant.*

Oh! oui, bien fâchés.

COLAS, *en souriant.*

Je n'peux pas en vouloir long-tems à ces enfans-là; tous les jours i' m'faisont enrager, et tous les jours i' m'faisont des excuses!

MINETTE.

Oh! mais, cette fois-ci, nos excuses ne seront pas des mots.

COLAS.

Non? Eh ben, c'est c'que j'allons voir.

MINETTE.

Il suffit que papa soit absent, pour que nous t'obéissions mieux qu'à lui.

TOUS LES ENFANS.

Oh! oui; mieux qu'à lui.

COLAS.

J'veux ben vous croire : en c'cas là, faut commencer...... par aller coucher.

TOUS LES ENFANS, *interdits.*

Aller coucher?

MINETTE.

A cette heure-ci? tu n'y penses pas, il fait encore grand jour!

CHOUCHOU.

Écoute donc, mon cher Colas: c'est fort bien d'aller coucher, puisque tu le veux; mais souper donc?

COLAS.

On soupera après...... Allons, c'qui est fait, n'est pas à faire..... A propos.... (*Il revient sur ses pas et ferme la porte du fond à double tour, puis met la grosse clef dans sa poche*). On n'saurait trop prendre d'précautions contre les dévaliseux d'maisons: gnien a beaucoup c't'année-ci.

TOUS LES ENFANS.

Bah! tu crois cela, toi?

COLAS, *s'en allant*.

Si je l'crois? On dit comme ça qu'i' s'en vont l'soir dans les campagnes, pour tuer les p'tits enfans! C'que j'vous en dis, c'n'est pas pour vous effrayer.... Gnia rien à craindre ici; mais comme c'est eune maison à l'écart, i' pourriont ben v'nir c'te nuit.

FANFAN, *pendant que Colas visite l'extérieur de la maison et ferme la porte à la grosse clef*.

Bah! c'est pour voir ce que nous dirons qu'il nous fait ces contes-là.

CHOUCHOU.

Mon papa nous apprend à être hardis.

MINETTE.

C'est comme certaines gens qui font peur aux autres, parce qu'ils ont peur eux-mêmes.

FANFAN.

Mais, dis-donc, ma sœur, je crois qu'il veut nous faire coucher sans souper, pour se débarrasser de nous....

MINETTE, *à ses frères.*

Laissez-moi faire; je trouverai quelque moyen........ mais schtt, schtt; le voilà!

COLAS, *à part, du côté opposé aux enfans.*

C'est bon; si j'sommes par trop embarrassés pour en v'nir à bout, j'les f'rons coucher, et i's'endormiront; gnia rien d'pus aisé à gouverner q'les gens qui dorment.

MINETTE.

Ote donc cette robe de chambre; qu'as-tu besoin de tout cela?

FANFAN.

C'est vrai; il nous traite comme des marmots, qu'on épouvante avec des masques.

COLAS, *ôtant son pet-en-l'air et son chapeau dont tous les enfans le débarrassent.*

Allons, soit..... mais v'nez ça, tretous, l'un après l'autre, que j'vous arrange....

MINETTE.

Un moment donc.... et la leçon d'musique de mon frère? et nos fables?

COLAS, *embarrassé.*

Des fables! la leçon de musique! j'entends ben; mais c'est l'papa qui s'y connaît; c'est pas moi.

MINETTE.

Mais puisque tu fais le papa aujourd'hui?

COLAS, *s'étalant dans le grand fauteuil.*

Ah! c'est vrai. (*d'un ton important*) Allons, enfans, la leçon d'musique, les fables.... Voyons, Monsieur Fanfan, vous qu'êtes l'pus habile dans tout ça, dégoisez-nous une petite gavotte ben tendre, là...... queut' chose d'facétieux, d'jovial, qu'aille à l'ame....

FANFAN, *cherchant dans le tiroir de la table.*

Oh! je ne suis pas en train de chanter de grands airs....

MINETTE.

Dis-nous l'*Étincelle*; c'est celle que j'aime.

FANFAN, *prenant son papier de musique sur la table.*

Puisqu'elle te plaît, je la choisirai souvent.

COLAS.

Allons, va pour l'*Étincelle*: je n'connais pas ça; mais du moment qu'i' gnia du feu, ça doit êt' bieau.

FANFAN, *tenant son papier à la main.*

ROMANCE. N°. 8.

Piano.

Vous qui, dans l'indifférence,
Coulez d'heureux jours,
Ah! redoutez la présence
Du dieu des amours:
A son approche cruelle
Fermez votre cœur;
Il ne faut qu'une étincelle (*bis*).
Pour faire un malheur. (*bis*).

(*Colas s'assoupit pendant ce premier couplet*).

MINETTE, *tout bas à ses frères.*

Il s'assoupit.... Il me vient une idée... Écoutez (*Ils*

se pressent autour d'elle). Restez-là, et ne faites pas de bruit.

COLAS, *se réveillant en sursaut.*

Hom.... C'est joliment chanter!

MINETTE, *à Fanfan.*

Continue bien vîte; il va se rendormir.... (*Ils reviennent autour de Colas*).

(*Colas se rendort*).

FANFAN.

Quand une fille rebelle
Brave son pouvoir,
Ce dieu, pour punir la belle,
N'a qu'à le vouloir;
Il va secouer près d'elle
Son flambeau vengeur;
Il n'en faut qu'une étincelle
Pour faire un malheur.

(*Pendant ce deuxième couplet, Minette tire doucement la grosse clef de la poche de Colas*).

MINETTE, *à ses frères, sur l'avant-scène, parlant très-vîte et à voix basse.*

Pendant qu'il dort, si nous allions un moment chez la nourrice; c'est la première maison du village.... par le petit sentier, nous y serons bientôt. Elle nous aime tant! elle nous reconduira; c'est pour un quart d'heure au plus.... elle nous donnera une petite collation....

FANFAN.

Mais mon papa?....

MINETTE, *l'interrompant.*

Il en rira le premier. J'ai l'ame triste; il faut nous distraire un peu: il fait encore grand jour: ne sommes-nous pas tous ensemble? ne suis-je pas chargée de vous tous? Qu'avons-nous à risquer?

CHOUCHOU,

CHOUCHOU, *sautant de joie.*

Oh! oui; allons chez la nourrice.... Une petite collation....

LES QUATRE AUTRES, *transportés.*

Oui, oui; une petite collation ... Oh! quel plaisir!

MINETTE, *à Fanfan.*

Chante encore un peu, tandis que j'ouvrirai la porte tout doucement.

FANFAN.

Ce dieu-là ne nous enflamme
Jamais tout d'un coup;
Mais quand il vient dans une ame,
C'est à pas de loup.
Jeune et gente demoiselle,
Ah! si votre cœur
Dit : *bah!* ce n'est qu'une étincelle,
Craignez un malheur. (*bis*).

(*Pendant que Fanfan chante le troisième couplet, Minette ouvre la porte, appèle ses frères, et sort sur la pointe du pied, en tenant les deux plus petits par la main; les autres suivent sans bruit, en tendant la main à Fanfan, qui sort avec eux. L'orchestre ne fait la ritournelle qu'au dernier couplet*).

SCÈNE X.

COLAS, *seul.*

Eh ben, vous n'chantez pus?..... (*il ouvre les yeux*). Où c'qu'il est donc? (*il regarde à droite et à gauche*). Où c'qu'i' sont donc tretous? (*il se lève*). Est-ce qu'i' seriont déja dans leu' chamb'? (*Il va à la porte de gauche, et il les appèle*): Minette? Fanfan? Chouchou? Poulot?...... I's n'ont pas t'ouvert la porte; j'ons la clef. (*Il fouille dans sa poche*). Eh, morgué, non; je n'l'ons pas: I's m'ont pris la clef! (*Il voit la porte du fond entrouverte*). La porte ouverte !..... Ah ! mon dieu ! v'là toute la famille émigrée !..... (*Il s'échappe en désespéré par la porte du fond, et tourne ensuite à droite du côté où les enfans sont passés*).

SCÈNE XI.

JEAN-BAPTISTE, MAGDELON.

Au moment où Colas s'enfuit à droite, on voit arriver Jean-Baptiste et sa fille par la gauche; celui-ci, s'arrêtant vis-à-vis de la fenêtre qui est ouvere, crie à Colas, qu'il voit fuir, pour l'arrêter.

JEAN-BAPTISTE, *vu du public par la fenêtre qui est ouverte.*

Holà ! hé ! citoyen, un mot, par ici !...

MAGDELON, *s'arrêtant en avant de son ère, en face de la porte toute grande ouverte.*

Bah ! il est déja bien loin....

JEAN-BAPTISTE, *Entrant avec sa fille sur le théâtre.*

C'est sans doute queuq'zun d'la maison.

MAGDELON.

Il a sûrement quelqu'affaire pressée; car il court de toutes ses forces....

JEAN-BAPTISTE.

On n'est guère méfiant par ici, à c'qu'i' paraît,.... tout est ouvert dans c'te maison; et personne !

MAGDELON.

Tant pis pour eux; quant à moi, je ne laisserais pas ma porte ouverte à tous les passans....

JEAN-BAPTISTE, *battant le briquet pour allumer sa pipe.*

Écoute, Magdelon; entre un peu dans ces chambres par là-bas... tu trouv'ras seur'ment queuq'z'un; (*Elle hésite.*), va, va toujours; n'as-tu pas peur? Un gentil minois comme l'tien, est ben pus présentable q'ma grosse figure d'premier v'nu. Cherche par-tout; appèle... tandis q'j'attendrai ici q'ceux-là qui sont dehors, soiont r'venus... i' n'est pas possible qu'i' tardent long-tems.

MAGDELON.

C'est un peu leste, au moins, mon père, de parcourir ainsi la demeure de gens qu'on ne connaît pas!

JEAN-BAPTISTE.

Va donc, petite sotte, quand j'te l'dis! ne crois-tu pas que j'serai v'nu ici pour rien?

(*Magdelon entre à gauche*).

SCÈNE XII.

JEAN-BAPTISTE, *seul.*

Oh! je suis d'une joie!... Non, ma foi, je n'don-n'rais pas c'te journée d'aujourd'hui pour les pus beaux momens d'ma vie!.. J'parirais ben qu'aucun de c'te brave et honnête famille que j'viens visiter, ne s'doute du sujet d'mon voyage... Eh! qui diable! irait deviner qu'un étranger, qu'on a obligé, n'étant encore que petit garçon, ait pu garder si long-tems l'souvenir d'un bienfait!... Eh! mais, qu'est-ce que j'dis donc, moi? tout l'monde le d'vin'rait; tous ceux, du-moins, qu'ont un cœur, et sur qui l'ingratitude n'a pas encore étendu sa contagion;... car c'est un mal qui gagne, à c'qu'on dit. (*D'un ton plus animé, et en baissant la voix*). Ces bonnes gens m'ont soulagé dans ma peine; leur argent a fructifié dans mes mains.;

i's ont fait ma fortune; j'viens tout exprès pour la partager avec eux... J'les ai fait attendre ; ça, c'est vrai; mais on n'a pas passé et r'passé les mers, couru tous les dangers du commerce, essuyé des fatigues et des pertes, établi une partie de ses frères et sœurs, sans qu'il ait fallu pour ça ben des années!... Oh! j'sais ben qu'i' gnia des moyens d's'enrichir en peu de tems... On parle d'entreprises, d'la hausse et d'la baisse; je n'connais pas tout ça, moi... Quand i' gnia d'la baisse dans mon commerce, c'est moi seul qu'en pâtis, et personne n'est volé; il n'y a pas deux probités dans ç'bas monde; j'n'en connais qu'une, moi.

AIR, N°. 9.

Assurément je fais grand cas
De la qualité d'honnête homme;
Mais l'on ne m'en impose pas
Avec ce titre qu'on renomme.
On vient vous dire adroitement :
« Ce monsieur est des plus honnêtes!
Et moi, je dis ingénûment :
« A-t-il payé ses dettes? (*Bis*).

On voit plus d'un riche à présent
Se faire honneur de leur aisance,
Et qui vous laissent cependant
Leurs créanciers dans l'indigence.
S'il est beau d'être généreux
Et bienfaisans comme vous l'êtes;
Avant de faire des heureux,
Messieurs, payez vos dettes! (*Bis*).

SCÈNE XIII.

JEAN-BAPTISTE, MAGDELON.

MAGDELON, *gaîment.*

Personne nulle part! j'ai visité toutes les chambres; j'ai crié dans chacune : *Hé! la maison!*... silence partout. Mais, savez-vous, mon père, que les voleurs auraient beau jeu ? Des montres accrochées à la cheminée, des couverts d'argent traînant sur des tables... j'imagine que ces gens-ci sont à leur aise.

JEAN-BAPTISTE, *défaisant en partie sa ceinture.*

Tu sais ben qu'on nous a dit au village, dans c't'auberge où nous avons laissé not' carriole, que la fermière était morte ; mais que sa fille aînée, morte aussi depuis près d'un an, avait épousé un bon bourgeois d'Paris, qu'elle a laissé veuf avec sept enfans ; on n'est jamais riche avec sept enfans ;... non, ma fille, non ; i's ont ben queuq' petites rentes, un peu d'mobilier, un p'tit patrimoine : mais bientôt, j'espère, i's auront un peu plus d'aisance.

MAGDELON.

Comment cela ?

JEAN-BAPTISTE, *s'animant toujours par degré.*

Écoute, Magd'lon, tu m'as seul'ment entendu dire que j'venais ici pour acquitter une dette. Ta pauvre mère t'a souvent raconté mon histoire ; ah ! si elle avait vécu, son plus grand plaisir aurait été d'faire avec moi c'voyage là... C'est avec la somme qu'on m'a donnée ici, q'j'ai pu réparer ma perte, m'établir, m'aggrandir, faire honneur à mes affaires... Et toi, tu crois peut-être que je n'viens par ici, q'pour rendre les trente louis qu'i' m'avaient avancés. Bah ! j'fais ben pus q'ça ; j'ai calculé comben c'te somme-là aurait profité entre leurs mains ; et j'leur apporte tout c'qu'elle aurait produit, s'ils l'avaient fait valoir pour la culture...

MAGDELON, *pénétrée.*

Quoi ? mon père ! vous....

JEAN-BAPTISTE, *l'interrompant avec chaleur.*

Écoute donc, écoute donc; c'n'est encore rien q'ça; j'ai calculé aussi combien c'te même somme m'a valu, à moi, d'mon côté... et mon industrie à part, en leur donnant la juste moitié d'mon bénéfice, sais-tu à combien tout ça s'monte?

MAGDELON.

Que sais-je, moi?

JEAN-BAPTISTE, *posant sur le grand fauteuil une bourse qu'il a tirée de sa ceinture.*

A trois cent cinquante louis; cinquante pour chaque enfant... et les v'là... c'est l'intérêt d'leur argent, et l'intérêt d'l'intérêt, et par-delà... tant mieux, morbleu! tant mieux! c'est comme ça qu'i' faut agir envers ceux qui nous ont tirés d'la misère. J'peux vivre à présent sans rien faire; j'n'ai q'toi d'enfant; tous mes parens sont à leur aise... (*Il finit cette tirade avec l'expression la plus vive et la plus sensible*). Que te faut-il pour être heureuse? Tu es sage, des vertus, l'goût du travail, une honnête médiocrité; voilà, mon enfant, voilà qui vaut mieux q'tout l'or du monde! Ce père de famille n'est pas riche; cette somme le soulagera; tous ses enfans nous béniront! nous aurons sept amis de plus... Ce trésor-là n'vaut-i' pas cent mille bourses de pièces d'or?.. Eh bien! tu pleures, ma p'tite Magd'lon! ah! tu partages ma joie, mon bonheur!... je l'vois; j'en suis certain!

MAGDELON, *avec transport.*

Ah! mon père, que je suis glorieuse de vous appartenir!

JEAN-BAPTISTE.

Et vîte, vîte; puisque personne ne vient encore, c'est-là le cas de les surprendre, en serrant dans ce tiroir la somme que j'apporte... (*Il prend parmi plusieurs papiers, celui que Marcellin a laissé au-dessus des autres*)... C'sont sans doute des papiers d'affaires; car i' sont timbrés et contrôlés.... Serre toutes ces paperasses-là dans ces autres tiroirs... ils ne sont guère soigneux, en vérité.... (*Il va compter, sur la table vis-à-vis, sept piles de louis, qu'il arrange séparément, mais aussi très-promptement, et toujours en parlant avec beaucoup de vivacité*).

MAGDELON, *tenant les papiers.*

Tenez, tenez, mon père; il est ici question de vous; votre nom m'a d'abord sauté aux yeux...

JEAN-BAPTISTE, *prenant le papier.*

Bah!... sans rire?... donne, donne un peu... (*Il commence à lire*). « En 1776, etc., un petit porte-balle, nommé Jean-Baptiste »... (*Il le rend à sa fille*). Eh! morbleu! c'est ça même; i's ont conservé ici mon aventure; i' l'ont fait timbrer même; mais i' n'avaient pas besoin d'ça... Ah! parbleu! j'ai une bonne pensée; nous n'avons pas de tems à perdre... écris par-là derrière, su' c'même papier-là, écris ben promptement c'que j'm'en vas t'dicter...

MAGDELON, *remettant tous les papiers, et retournant l'autre pour écrire dessus.*

Allons, j'attends... (*Elle s'assied et prend la plume, à la table qui est en face*).

JEAN-BAPTISTE, *se promenant et se frottant les mains.*

Hem... em... em... attends... mets d'abord que... un p'tit moment!... mets... ah! bon!... mets : « *Ce même* » *Jean-Baptiste... qui...*

MAGDELON, *écrivant.*

« *Ce même Jean-Baptiste qui...* Après?

JEAN-BAPTISTE.

As-tu *écrit?*.... fort ben.... (*à part*) diable! les idées ne m'viennent pas aussi vîte que l'sentiment... si mon cœur pouvait parler!... (*à sa fille*) attends... as-tu mis : *qui?*

MAGDELON *écrivant.*

« *Qui?*... il y est.

JEAN-BAPTISTE, *cherchant et frappant du pied.*

« *Qui*... *qui*... c'est fort ben... un moment... tu as mis *qui?* c'est mon idée... c'est ça même... *qui*... ma foi, ma p'tite; tu as pus d'esprit q'moi... j'n'ai jamais su q'mon commerce... dicte toi-même; arrange ça pour le mieux... mets-y que c'est la reconnaissance... enfin, donne à ça une jolie tournure... (*Il retourne au secrétaire.*) Diable! je n'suis pas dans mon jour d'esprit!...

MAGDELON, *s'empressant d'écrire.*

Oh! c'est bon, c'est bon; dès que vous me laissez le champ libre...

JEAN-BAPTISTE, *ouvrant un tiroir du secrétaire.*

Arrangeons cet or, là dedans... ho ho! il y a déja de l'argent!

MAGDELON, *écrivant toujours.*

Je ne conçois pas cette sécurité... laisser traîner jusqu'à son argent! apparemment que tout le monde est honnête homme par-ici...

JEAN-BAPTISTE, *arrangeant toujours les louis, au secrétaire.*

Ça s'rait donc l'pays des miracles... as-tu écrit?

MAGDELON

MAGDELON.

Oui ; cela peut passer maintenant.... voulez-vous écouter ?

SCÈNE XIV.

JEAN-BAPTISTE, MAGDELON, MINETTE ET FANFAN, *et les quatre autres.*

(Ils accourent tout essoufflés.)

MINETTE, *ayant la grosse clef à la main.*

Ah ! mon Dieu ! quelle étourderie ! la fenêtre et la porte ouvertes ! (*Ils apperçoivent Jean-Baptiste et sa fille, et s'arrêtent tout court, n'osant ni avancer, ni reculer*).

JEAN-BAPTISTE, *refermant promptement le tiroir.*

Vous êtes les enfans d'la maison, n'est-ce pas ?.... approchez, approchez, mes p'tits amis ! oh ! j'aime les enfans, d'abord, moi. (*Il remet dans sa ceinture la bourse qu'il vient de reprendre sur le secrétaire, et dans laquelle il reste encore un peu d'or*). Eh bien ? vous avez peur ? (*Il s'approche d'eux ; ils reculent*). Oh ! dès que j'vous épouvante, j'reste à ma place. (*à Magdelon*). Ma fille, rassure-les donc ; tu vois ben qu'ils nous prennent pour des...

MINETTE, *avec une feinte sécurité.*

Non... oh ! non... vous avez l'air d'un très-honnête homme... (*bas à son frère*) c'est un voleur !

FANFAN, *à Minette.*

Certainement, c'en est un ; faisons semblant de n'avoir pas peur !...

MINETTE, *à Fanfan.*

C'est notre faute, aussi...

MAGDELON, *les embrassant.*

Ils tremblent!... ah! mes amis! on voit bien que vous ne nous connaissez pas!

MINETTE, *affectant de se rassurer.*

Nous n'avons pas cet honneur-là...

JEAN-BAPTISTE.

Diable m'emporte! je r'connais sur la figure de la p'tite, tous les traits de sa maman...

MINETTE.

Vous la connaissiez donc?... (*à Fanfan*). Maman avait là une jolie connaissance...

MAGDELON, *à son père.*

Oh! nous aurons de la peine à les rassurer....

AIR, No. 10.

(*Avec beaucoup d'expression : les violons pizzicato.*)

Ne craignez rien, mes chers enfans,
Du mal que nous voulons vous faire!
Avec plaisir je vous apprends
Que ce voyageur est mon père.
Par mon respect, vous pouvez voir
Que je ne suis pas redoutable...
Qui remplit le plus saint devoir,
Ne saurait nuire à son semblable. (*Bis.*)

(*Pendant ces couplets, Jean-Baptiste lit le papier que sa fille a écrit*).

Ah! jugez, par notre candeur,
Du but où tend notre voyage!
Lorsque le crime est dans le cœur,
Le trouble est peint sur le visage!

La bonne et la franche gaîté
Sur le front du juste respire...
Et le sourire est affecté,
Quand un scélérat veut sourire ! (*Bis*).

JEAN-BAPTISTE.

Bah ! ça n'les guérit pas encore de la peur... ce sont peut-être mes pistolets qui vous effraient ?.... (*Il ôte ses pistolets de sa ceinture*).

SCÈNE XV.

LES ACTEURS PRÉCÉDENS. COLAS.

(*Colas arrive à l'instant où Jean-Baptiste prend ses pistolets pour les poser sur la table. Tous les enfans saisis d'épouvante, font un cri et se tapissent contre la coulisse, derrière la table*).

MAGDELON.

Ah !... mon père ! les apparences sont contre nous... parlons-leur franchement... (*aux enfans*) Ne craignez rien ; nous sommes vos amis !

JEAN-BAPTISTE, *posant ses pistolets sur la table.*

(*Au public*). Eh ben ! j'ai du bonheur, moi. Tout-à-l'heure, j'n'étais qu'un voleur ; à présent j'suis un... (*Il n'achève pas*).

COLAS, *encore tout tremblant, et caché derrière les enfans dont il se fait un bouclier.*

J'ons cru, d'abord, que j'étions morts tretous...

JEAN-BAPTISTE, *à Colas.*

N'êtes-vous pas au service du citoyen Marcellin ?

COLAS, *se relevant peu-à-peu.*

Mon Dieu, oui, citoyen! Allez, c'est un ben honnête homme; ça s'rait un meurtre d'li faire tort...

JEAN-BAPTISTE.

Et voilà ses sept enfans?

COLAS.

Ah! mon Dieu! oui; il a ben de la peine à les élever; car i' n'est pas riche: ah! j'vous réponds qu'i' n'en a pas d'trop.

JEAN-BAPTISTE, *à Colas.*

Où est donc l'papa?

COLAS, *à part.*

Quoi t'est-ce qu'i' li veut?..... (*haut*) Il est en campagne.

JEAN-BAPTISTE.

Reviendra-t-il bientôt?

COLAS.

Peut-êt' ben c'soir même; qu'est-ce qui sait?. Si vous voulez, j'vas l'aller chercher..... i' s'ra p'têt' ben encore cheux l'notaire du Canton....

JEAN-BAPTISTE.

Oh! oui; allez l'chercher; ça m'fera le plus grand plaisir....

FANFAN, *à Colas, tout bas.*

Quoi! tu nous laisses seuls avec eux?....

MINETTE, *à Fanfan.*

N'aies donc pas peur.... Ils n'ont pas l'air méchant.

COLAS, *aux enfans.*

T'nez farme : j'amènerons du monde avec nous. (*Il veut sortir, et revient*).

MAGDELON, *à son père, qu'elle tire à l'écart sur l'avant-scène.*

Vous voyez bien qu'ils nous jugent très-mal ; laissez-moi les détromper....

JEAN-BAPTISTE, *bas à sa fille.*

J'te l'défends expressément.. Ça m'amuse, moi, d'passer pour c'que je n'suis pas.... Attends du moins que l'père soit là : un nous ôterais tout l'plaisir de la surprise.... (*aux enfans*). Vous nous prenez pour des voleurs, n'est-ce pas ? avouez-le tout bonnement : voilà le mot lâché..... Dites, dites.... pourquoi dissimuler ?

MINETTE, *hésitant, d'un air et d'un ton embarrassés.*

Pour des vo.....! oh!..... non pas..... mais..... cette bourse que vous avez cachée dans votre ceinture......

J.-BAPT. et MAGDELON.

Ha, ha, ha, ha, ha;....

FANFAN, *un peu plus hardi.*

Et ce tiroir que vous avez refermé bien vîte....

MAGDELON.

Ha, ha, ha;.... voilà donc le mot de l'énigme....

COLAS, *inquiet et surpris.*

(*à part*). Diantre ! l'tiroir ! une bourse !....(*haut*). Allons, monsieur, je n'fais qu'un saut d'ici là....

SCÈNE XVI.

TOUS LES ACTEURS PRÉCÉDENS, excepté COLAS.

MAGDELON, *aux enfans.*

Que ferons-nous donc, mes chers petits amis, pour vous distraire, en attendant votre papa ?.... Mon père, vous qui êtes si gai, amusez-les un instant ; cela les enhardira....

JEAN-BAPTISTE, *à sa fille.*

Tu as, parbleu, raison !.... (*aux enfans*). Allons, enfans ! Est-c'qu'à votre âge, on est comme ça triste et silencieux ? Quand j'étais p'tit garçon, moi, ah ! dame ! fallait voir ! je riais toujours ; j'chantais et j'dansais d'puis l'matin jusqu'au soir.... j'étais d'une folie ! et espiègle !... ha, ha.

MINETTE, *à part.*

Espiègle ! je le crois.

JEAN-BAPTISTE.

Aussi, je m'suis toujours porté comme le Pont-Neuf ; et ça m'a fait grandir, grandir !.... t'nez, r'gardez comme j'ai grandi ! d'mandez à ma fille, quand j'm'y mets.

MAGDELON.

Allons, mon père, dites-nous une ronde (*aux enfans*) Nous allons danser, n'est-ce pas ?

TOUS LES ENFANS, *avec surprise.*

Danser !....

MINETTE, *bas, à ses frères.*

Dansons toujours. (*haut*) Eh ! pourquoi pas ? Oh ! moi, j'en suis....

TOUS LES ENFANS, *s'enhardissant.*

Allons, dansons.

(*Ils forment une ronde avec Jean-Baptiste et Magdelon*).

JEAN-BAPTISTE.

RONDE. N°. 11.

Un certain loup prit d'un agneau
La mine et l'encolure;
Il va, revêtu de sa peau,
Chercher quelqu'aventure:
En passant tout auprès d'un troupeau de bétail,
Il se mêle aux brebis, qui rentraient au bercail.

(*Il parle*). L'berger, qui avait bu un p'tit coup, n'y r'garde pas d'si près.... Les chiens l'avertissent, font un sabbat de tous les diables: oua, oua, oua, ouo, ouo, ouo....(*Les enfans rient*). Mais fort inutilement; car, là comme ailleurs, les gardiens ont beau faire, quand l'œil du maître n'les seconde pas...... Si ben qu'au beau milieu d'la nuit,

Voilà que tout-à-coup,
C'est une tûrie !....
N'enfermez pas le loup
Dans la bergerie.

(*Tous les enfans répètent en dansant avec Magdelon*).

Voilà que tout-à-coup, etc.

JEAN-BAPTISTE.

Dans mon village, un garnement,
Un vrai trouble famille,
Faisait sa cour à la maman
Pour aborder la fille....
Déja la pauvre femme en a l'esprit perdu,
Comptant ben l'épouser; d'abord, c'est entendu!

(*Il parle*). N'a-t-elle pas la sottise d's'absenter, pour des achats d'nôce, et d'dire au galant (*Il imite la voix de femme, et puis celle d'homme alternativement*).

Ah! ça; j'vous laisse avec ma fille; veillez sur elle. — Oh! laissez faire, dit l'hypocrite; j'y aurai l'œil. — La sagesse est un trésor.... — Oh! mon dieu, oui, un trésor; comme vous le dites...... Au retour d'la bonne femme, pus d'galant, pus d'fille, pus d'trésor.... psst! tout avait disparu. (*Il imite encore la femme*). Ah! mon dieu! quelle perfidie!.... C'est affreux!...... Et vous autres, voisins, vous n'avez pas pu empêcher ça?....

Oh! mais, c'est pour-le-coup
Que chacun lui crie,
« N'enfermez pas le loup
Dans la bergerie.

(*Tous répètent*).

Oh! mais c'est, etc.

Certain bourgeois bien opulent (1),
D'ces gros propriétaires,
Voulut avoir un intendant,
Pour régler ses affaires. . .
Il s'en présente cent; mais, voyez quel guignon!
Au lieu d'un honnête homme, il choisit un fripon! . . .

Et pis, v'là qu'i' fait un p'tit voyage de six mois, pas plus q'ça; et pis v'là qu'i' r'vient chez lui; et pis v'là qu'i' trouve maison nette; et pis v'là propriétaire à pieds, et l'homme d'affaires en carosse..

Oh! mais, j'en sais beaucoup,
Ayant la manie
De renfermer le loup
Dans la bergerie.

---

(1) Ce troisième couplet fut fait en place d'un autre troisième couplet fait, il y a deux ans, avec la pièce; mais on ne le chante pas encore, parce qu'on n'a osé l'envoyer à la Police, quand on a vu retrancher de ma pièce les passages les plus simples et les plus innocens. Il ne tombe cependant que sur les nouveaux parvenus, quand les journaux du Gouvernement les épargnent eux-mêmes encore moins que moi. (*Voyez le petit Mémoire qui est en tête de l'Ouvrage*).

SCÈNE XVII.

SCÈNE XVII.

LES ACTEURS PRÉCÉDENS, COLAS, MARCELLIN, *quatre ou cinq hommes du village, armés de fourches et de bâtons.*

COLAS, *à Marcellin.*

V'là l'monsieu'; parlez-lui, si vous n'avez pas peur.

MARCELLIN, *d'un ton très-sec, à Colas et à ses enfans.*

(*En les regardant avec humeur*). Tout ceci n'arriverait pas, si l'on savait garder une maison et se conformer à mes ordres..

COLAS.

(*A part*). Il est fâché!

MARCELLIN, *à Jean-Baptiste.*

Eh bien, Monsieur! que me voulez-vous?

JEAN-BAPTISTE, *d'un ton sec et d'un air leste.*

Vous voir, vous présenter ma fille que v'là; et vous demander vot' amitié; pas pus q'ça.

COLAS.

Ah! v'là du nouveau, par exemple!

MARCELLIN, *d'un ton à-la-fois ironique et fâché.*

Écoutez donc, Monsieur, vous me permettrez de n'accorder mon amitié qu'aux gens que je connais bien... mais parlons de bonne-foi..

F

JEAN-BAPTISTE, *fort doucement.*

Oh ! tout d'aussi bonne-foi qu'i' vous plaira ; j'n'ai jamais parlé autrement, moi.

MARCELLIN.

Comment se peut-il qu'avec de l'esprit et du bon sens, comme vous paraissez en avoir...

JEAN-BAPTISTE.

Oh ! pas de compliment, j'vous en prie... (*montrant les paysans armés*) j'vois ben qu'on n'est pas v'nu ici pour ça.

COLAS, *vivement à Marcellin.*

Bah ! bah ! avec sa bonne-foi ; j'vous dis de n'pas vous y fier ; d'mandez putôt à vos enfans !...

JEAN-BAPTISTE.

Eh ben, voyons ; qu'est-ce qu'i's ont vu, ces enfans ?

MARCELLIN.

Voyons, Minette ; dis ce que tu as vu... parle, parle hardiment, ma fille ?

MINETTE, *du ton le plus ingénu, mais comme accusant à regret.*

Mon frère et moi, nous avons vu Monsieur debout contre le secrétaire ouvert.

FANFAN, *l'interrompant brusquement.*

Oui ; mais il faut tout dire, le secrétaire était resté ouvert toute la journée.

MARCELLIN, *à part.*

C'est ma faute.

MINETTE.

C'est vrai ; mais Monsieur avait ouvert le tiroir à l'argent ; et il l'a refermé bien vîte, dès qu'il nous a vus.

FANFAN.

Oui, dès qu'il nous a vus ; c'est vrai, ça.

MARCELLIN, *à Jean-Baptiste.*

Est-ce vrai, Monsieur ?

JEAN-BAPTISTE, *plaisamment.*

Oui, Citoyen.

MINETTE.

Et Monsieur a pris un sac ou une bourse sur le secrétaire...

FANFAN.

Oui, et il l'a caché dans sa ceinture...

MARCELLIN, *à Jean-Baptiste.*

Que répondez-vous à cela ?

JEAN-BAPTISTE.

Rien ; car j'vois ben que toutes les apparences sont contre moi ; ils disent mot pour mot la chose comme elle s'est passée : c'est à vous maintenant de savoir le compte de votre argent.

MARCELLIN, *impatienté.*

On parle ici de sac, d'une bourse !... je n'en avais pas... il restait en tout dans mon tiroir une somme de cinquante écus en argent blanc... si elle y est encore, c'est à tort qu'on accuse cet étranger ; (*Il ouvre le tiroir, et fait un pas en arrière*), que vois-je ?

COLAS.

Quoi donc ?

MARCELLIN, *étrangement surpris.*

De l'or!....et même beaucoup.... et je n'en avais pas!

TOUT LE MONDE.

O ciel!

MARCELLIN.

Plusieurs piles de louis! (*il en prend une*).

JEAN-BAPTISTE.

Oh! vous pouvez les examiner: i's n'sont ni rognés, ni faux; pas pus q'moi.

MARCELLIN, *extrêmement agité.*

De grace, expliquez-vous.... Voilà la plus étrange aventure que j'ai éprouvée de ma vie!.... Quelle est votre intention? parlez....

JEAN-BAPTISTE, *d'un grand sang-froid, tirant de sa ceinture le papier en question.*

Ce papier timbré parlera mieux que moi....

MARCELLIN, *prenant le papier.*

Ce papier timb...... il était ici depuis vingt ans!...... Quel soupçon.....grand dieu!.... serait-il vrai?

L'OFFICIER, *à Marcellin.*

Qu'avez-vous donc?

MAGDELON, *à Marcellin.*

Lisez ce qu'il y a derrière, je vous en conjure.

MARCELLIN, *retournant précipitamment le papier, le parcourt rapidement; sa vue se trouble, sa main tremble, tout son corps chancelle.*

« Ce même Jean-Baptiste, qui, en 1776....... Oh! dieu! mon cœur bat avec une force...... mes larmes m'empêchent de distinguer les caractères!..... Lisons, pourtant.

(*Il lit d'une voix altérée par les larmes*).

« Ce même Jean-Baptiste qui, en 1776, reçut de » votre femme et de sa famille l'hospitalité la plus » généreuse, et trente louis pour l'aider à réparer sa » perte, promit de les rendre quand il aurait fait » fortune : il tient sa parole, et vient s'acquitter avec » vous de la dette la plus sacrée, la plus chère à son » cœur »!

JEAN-BAPTISTE, *l'interrompant, lui saisit le bras, et lui parle avec l'explosion du sentiment le plus vif.*

Oui, certainement, la plus chère à mon cœur; et je prie vos aimables enfans d'accepter tout ce que je leur apporte : vous en avez sept ; cinquante louis pour chacun les mettront à même de travailler à leur fortune. Vous savez bien, brave homme, que je n'en avais que trente, quand j'ai commencé la mienne.

MARCELLIN, *avec les plus vifs transports.*

Mes amis, mes enfans! vous avez devant vous le modèle le plus rare de la reconnaissance et de la probité. (*Tous les enfans se précipitent autour de Jean-Bapiste*). O généreux mortel! est-il un hommage digne d'un pareil trait de vertu ?

(*Toute la famille l'entoure et l'accable de caresses; les enfans lui baisent les mains; d'autres le pressent contre leur cœur*).

JEAN-BAPTISTE, *brusquement.*

Eh bien? eh bien? qu'avez-vous donc? pourquoi ces transports? Qu'y a-t-il de si surprenant à ce que j'ai fait?.... il n'y a là rien que de juste et d'ordinaire! Dans quelle société serais-je tombé, si un acte tout simple de reconnaissance excitait un pareil enthousiasme ? Mes amis, mes amis! malheur au pays où l'on s'étonnerait d'un procédé honnête et généreux! (*à sa fille* Ma p'tite Magdelon, je te félicite d'ton savoir faire: t'as tourné c'billet-là comme une migniature...

MAGDELON.

C'est que votre cœur l'avait dicté au mien, mon père!

COLAS, *à Jean-Baptiste.*

Allez, allez, l'ami de not' maître, j' pouvons ben dire que j'n'ons jamais vu d'voleur aussi honnête homme que vous.

VAUDEVILLE DE LA FIN.

AIR, N.° 12.

N. B. *Cet air se chante à demi-voix, très-détaché et très-léger.*

MARCELLIN.

Faire le bien sans éclat et sans bruit,
Tendre la main à l'indigence;
Et de ce bien ne tirer d'autre fruit
Que la voix de sa conscience;
Aller chercher dans son humble réduit
La simple et timide innocence....
Oh! c'est vraiment (*bis.*)
Un peu rare à présent. (*bis*).

MAGDELON.

Garder, au sein du faste et de l'éclat,
La modestie et la décence;
Prouver un cœur sensible et délicat,
Sur-tout de la reconnaissance;
Se souvenir de son premier état,
Quand on se voit dans l'opulence....
Oh! c'est vraiment (*bis.*)
Un peu rare à présent. (*bis.*)

JEAN-BAPTISTE

C'est à regret que tous les jours j'entends
S'exhaler la plainte cruelle ;
Il est encore, il est d'honnêtes gens
Dont cette pièce est le modèle.
Se signaler par de nobles penchans,
Aux malheureux prouver son zèle....
Ce n'est vraiment (*bis*).
Pas si rare à présent. (*bis*).

COLAS, *au public.*

Votre Cousin fut ici dès long-tems
Honoré de votre suffrage ;
Veuillez toujours, veuillez, en bons parens,
Le reconnaître à son langage !
Il a voulu vous prouver seulement
Que chez lui, comme en son ouvrage,
Le sentiment (*bis*).
Est le même à présent. (*bis*).

Nota. Cette Pièce est une des plus aisées à monter dans les Départemens, parmi toutes celles du même Auteur. Elle n'exige aucune dépense pour la décoration ; le costume est *ad libitum*, et de quelque manière que les Acteurs se vêtissent, ils n'en sont pas moins simplement mis. Les enfans, au nombre de sept, paraissent d'abord embarrassans; mais il est extrêmement facile d'y suppléer ; 1°. en donnant les rôles à des femmes habillées en garçons, dans les spectacles où il n'y a pas d'enfans ; 2°. en réduisant à deux ou trois, le nombre des enfans qui parlent, et composant le reste de personnages muets ; 3°. en ne mettant, s'il est nécessaire, que quatre enfans au lieu de sept, et changeant les mots *sept* et *six* en *quatre* et *trois*, dans les endroits de la Pièce où l'on parle des enfans.

Le *Cousin-Jacques* vient de donner au *Théâtre de l'Ambigu-Comique* un petit Opéra intitulé: *Un Rien*, en un acte.

dont les airs et les couplets ne le cèdent en rien à ceux qui ont été les plus goûtés du Public dans toutes ses autres Pièces. C'est le Citoyen *Loraux*, Directeur du nouveau Bureau Dramatique, qui est chargé de ses intérêts, sauf aux Directeurs de Spectacles à proposer à l'Auteur lui même des arrangemens particuliers, en s'adressant, *franc de port* : au Cousin - Jacques, rue des Vieux - Augustins, N°. 264, à Paris.

FIN.

www.ingramcontent.com/pod-product-compliance
Ingram Content Group UK Ltd.
Pitfield, Milton Keynes, MK11 3LW, UK
UKHW031948260826
14628UKWH00004B/1936

9 782019 673031